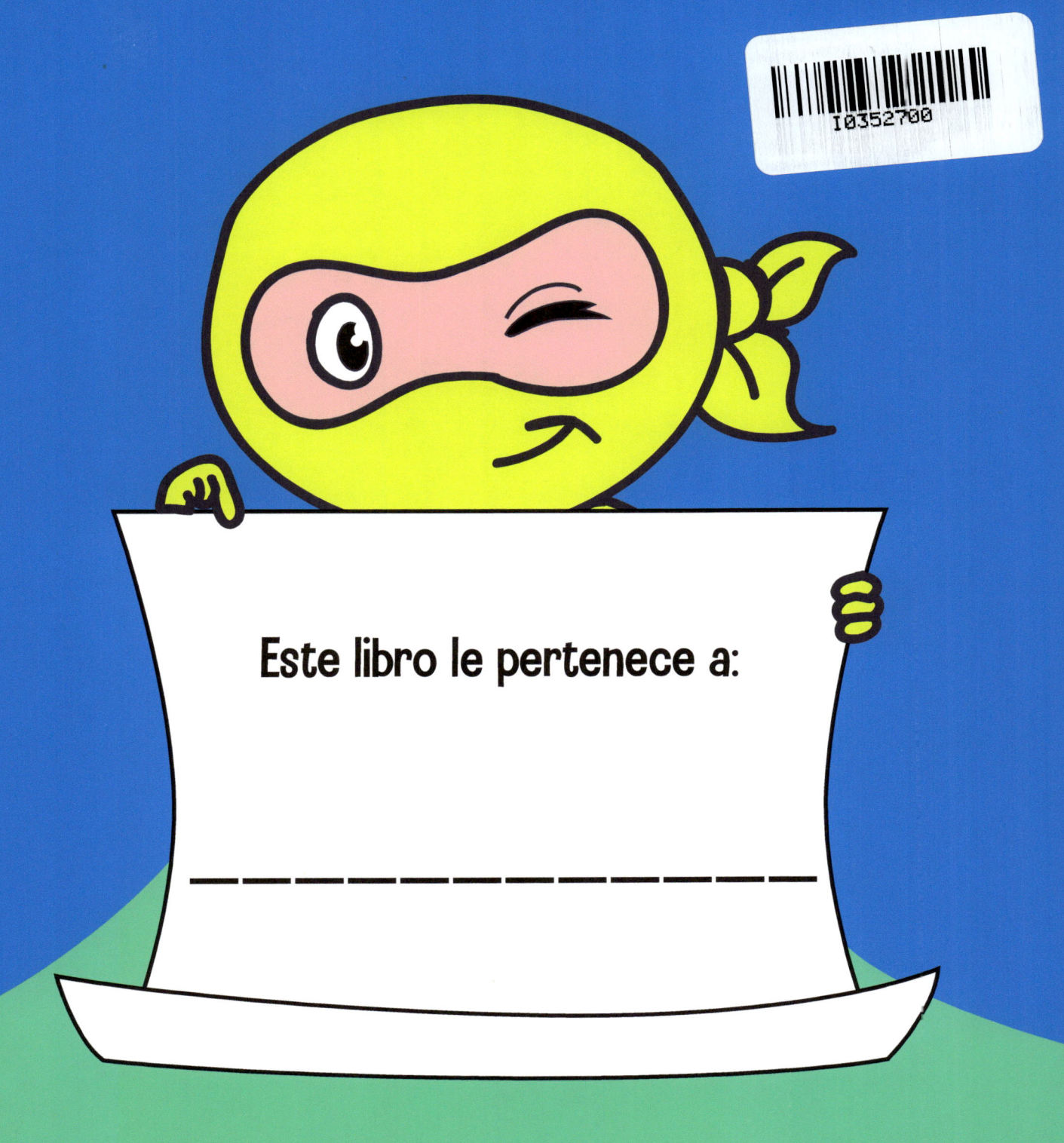

Este libro está dedicado a mis hijos – Mikey, Kobe y Jojo.

Copyright © 2022 Grow Grit Press LLC. Todos los derechos reservados. Ninguna parte de este libro puede ser reproducida en ninguna forma sin el permiso por escrito de la editorial. Por favor, envíe solicitudes de pedido al por mayor a growgritpress@gmail.com Impreso y encuadernado en los Estados Unidos. NinjaLifeHacks.tv Tapa blanda ISBN: 978-1-63731-557-6 Tapa dura ISBN: 978-1-63731-558-3

En la quinta pregunta de la prueba, me encontré con un problema que nunca había visto antes.

Muchos ninjas se habrían rendido en este punto, pero yo no. Sabía que, si me esforzaba, eventualmente tendría éxito. Había aprendido que el esfuerzo importaba más que la inteligencia.

No siempre tuve una mentalidad de crecimiento.

Una vez pensé que la *inteligencia* y el talento eran los factores determinantes del éxito. Esto se llama una mentalidad fija.

En contraste, cuando tienes una mentalidad de crecimiento, crees que el esfuerzo y el trabajo duro determinan tu éxito.

Por ejemplo, era talentosa en muchas cosas, pero evitaría cualquier cosa en la que no fuera naturalmente buena.

Sobresalía en todas las materias en la escuela. Pero cuando el trabajo no me resultaba fácil, me gustaba quejarme...

Cuando empecé un nuevo pasatiempo y no lo aprendí de inmediato, me desanimé.

Creía que no tenía suficiente habilidad o talento para tener éxito.

Todo mi mundo se abrió cuando el Ninja Paciente me presentó un concepto que cambiaría mi mentalidad para siempre.

Un día, mientras trabajaba en un proyecto, me sentí frustrada por no haber podido resolver algo rápidamente.

Es una estrategia que uso llamada estrategia E.S.I. Significa Esfuerzo Sobre Inteligencia. Quiere decir que con cualquier cosa que haga, creo que puedo tener éxito mientras lo siga intentando.

Habrá algunas cosas en la vida que me vendrán fácilmente, pero otras no me vendrán tan fácilmente. Así que el esfuerzo sería la característica más importante que me servirá más.

Me acosté en la cama esa noche pensando en lo que mi amigo había dicho.
Siempre pensé que ser inteligente y talentosa determinaba todo.
Pero lo que dijo mi amigo tenía mucho sentido.
Mientras siga intentándolo, puedo lograr cualquier cosa.

Poco a poco empecé a adoptar la estrategia de E.S.I.

Pronto, había cambiado mi mentalidad fija en una mentalidad de crecimiento.

Empecé a buscar oportunidades para crecer en lugar de esconderme de ellas.

Estoy bien con fallar mientras estoy progresando en lo que sea que estoy aprendiendo a hacer.

Me concentro más en el esfuerzo y el trabajo duro en lugar de la inteligencia o el talento.

¡Y hace toda la diferencia cuando se me presentan cosas realmente difíciles!

¡Tu mejor arma contra el miedo al fracaso podría ser la estrategia E.S.I.!

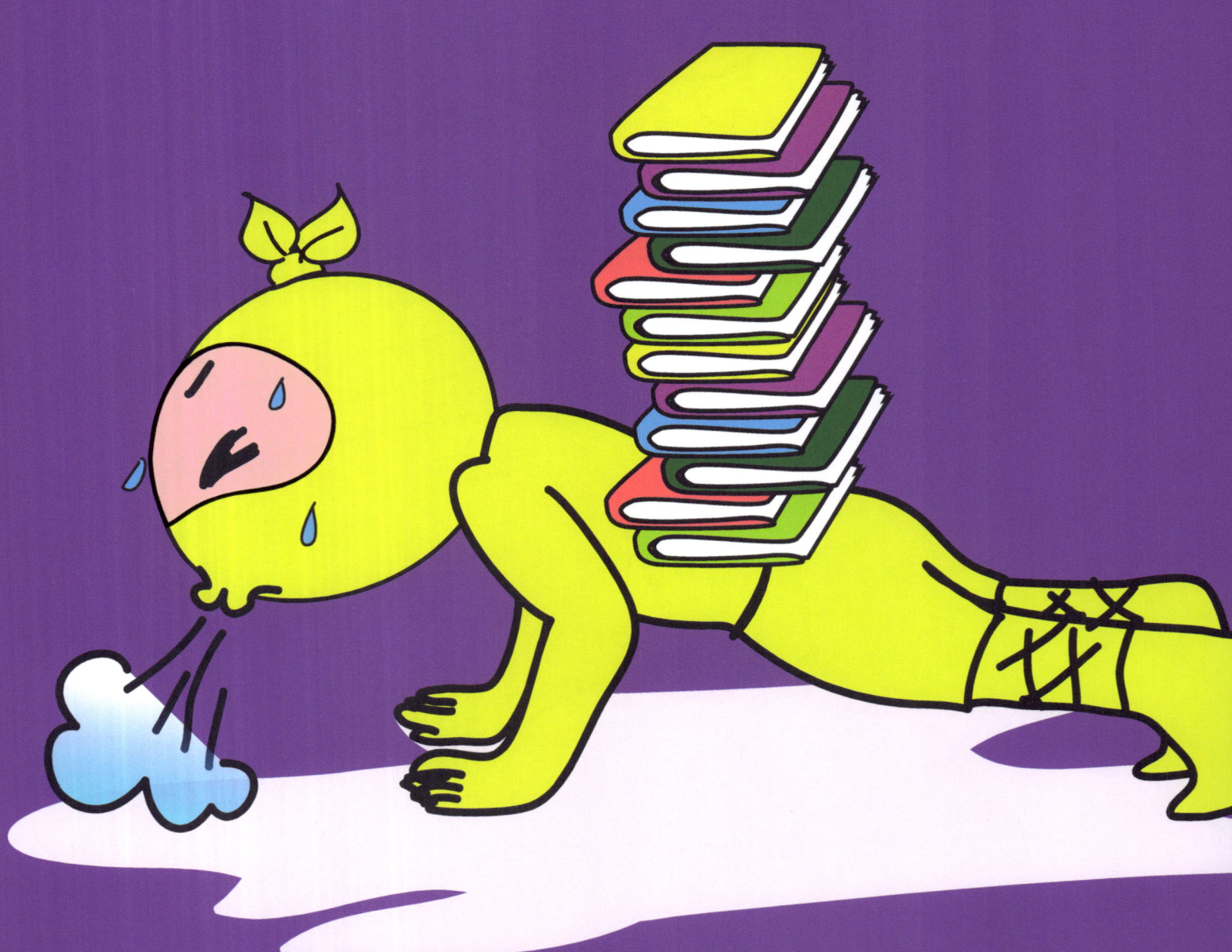

¡Visita ninjalifehacks.tv para obtener imprimibles divertidos gratis!

 @marynhin @officialninjalifehacks
#NinjaLifeHacks

 Mary Nhin   Ninja Life Hacks

 Ninja Life Hacks

 @officialninjalifehacks

www.ingramcontent.com/pod-product-compliance
Lightning Source LLC
Chambersburg PA
CBHW041107070526
44583CB00002B/103